당신의 원수가 당신의 스승입니다
당신의 자비심이 당신의 행복입니다

– 달라이라마 –

명상 수첩

아포리즘 108, 나무의 노래

대원사에는 산책길을 따라 108개의 말씀이 나무에 걸려 있습니다.

짧은 경구에 철학적이고 명상적인 의미를 함축한 글을 미술적으로 표현한 예술분야를 아포리즘이라 하고 작가를 아포리스트라고 합니다.

108개의 경구는 대원사 티벳박물관장 현장스님이 독서노트에서 가려 뽑았으며 재료를 구입하여 아포리즘을 표현한 작가는 대종거사 이대은입니다.
"혼자 읽기 아까운 글"로 편집되어 여러 카페에 널리 소개된 글들이 많습니다.

이번에 대원사 나무에 걸린 작품들을 사진으로 담아 명상공책으로 만듭니다.
명상노트에 자신의 영적인 독서와 명상일기를 적어 보면 좋을 것 같습니다.

2014년 2월 15일

대원사 티벳박물관

5

달라이라마 축하서신

많은 티벳 문화 유산이 티벳 땅에서 파괴되고 있는 이 때, 나는 대한민국 전라남도 보성군에 있는 대원사에 티벳 박물관이 세워진 것을 알게 되어 무척 기쁩니다.

티벳 문명은 세계의 귀중한 공동 문화 유산에서 뚜렷한 한 부분을 이루고 있습니다. 이 문명을 잃는다면 인류애는 좀 더 빈약해 질 것입니다.

망명 생활을 하고 있는 우리 티벳 사람들이 티벳 문화를 보존하고 장려하는 데 온 힘을 쏟고 있기는 하지만, 이는 우리 혼자만으로는 이루지 못할 일입니다.

우리들은 대원사에서 하고 있는 것과 같은 도움과 뒷받침이 필요합니다. 사람들이 대원사 티벳박물관 전시 작품들을 보고 그 작품들의 중요성에 대해 유익한 설명을 들을 수 있다면 티벳 사람들과 전통을 더 잘 이해할 수 있을 것입니다.

티벳 박물관 개관을 맞이하여 나는 현장 스님과 모든 관계자 여러분께 축하 인사를 드립니다. 여러분들의 노력이 티벳 문화를 영원히 사라져가지 않도록 구하는 데 기여하고, 더불어 불교도든 아니든 모든 한국 분들에게 영감의 원천이 될 수 있기를 기원합니다.

2001년 6월 16일   제14대 달라이 라마

축하서신　달라이라마께서 지난 2001년 6월 16일 대원사 티벳박물관 개관을 맞이하여 축하서신을 보내주셨습니다.

대원사 티벳박물관 소개
Little Tibet of Korea

 대원사 티벳 박물관은 티벳
의 정신 문화와 예술 세계
를 소개하고 한국 불교와
영적인 교류를 촉진시키기
위한 목적으로 설립되었습
니다.
이 박물관은 대원사 주차장
위의 터를 닦아 지상 2층,
지하 1층, 총 건평 220평
의 티벳 사원 양식으로 건축되었습니다.

박물관 내부에는 대원사 현장 스님이 15년 전부터 모은,
탕카·만다라·밀교 법구·민속품 등 1000점이 넘는 티벳 미
술품이 상설 전시되고 있습니다.

박물관 앞에는 15m 높이의 티벳식 불탑 '수미광명탑'이
2003년 5월 건립되었습니다.

한국 안의 작은 티벳으로 가꾸어 가는 대원사 티벳박물관
에 많은 관심과 동참을 바랍니다.

대원사 티벳박물관 관장 현장 玄藏

달라이라마 아침기도문

사람을 만날 때마다 언제나 나 자신을
가장 미천한 사람으로 여기고 상대방을
최고의 존재로 여기게 하소서.
나쁜 성격을 갖고 죄와 고통에 억눌린 존재를 볼 때면
마치 귀한 보석을 발견한 것처럼
그들을 귀하게 여기게 하소서.
다른 사람이 시기심으로 나를 욕하고 비난해도
나를 기쁜 마음으로 패배하게 하고 승리는
그들에게 주소서.
내가 큰 희망을 갖고 도와준 사람이 나를 심하게 해칠때
그를 최고의 스승으로 여기게 하소서.
나로 하여금 직접 또는 간접적으로 모든
이웃들에게 도움과 행복을 줄 수 있게 하소서.
남들이 알지 못하게 모든 이웃들의 불편함과
고통을 내가 떠맡게 하소서.

대원사 수미광명탑

티벳 불교문화는 인류
가 이룩한 가장 영적인
문명의 하나입니다. 대
원사에서는 티벳의 정
신문화와 예술세계를
소개하고 한국불교와
영적인 교류를 촉진시
키기 위해 2001년 7월
티벳박물관을 개관하
였습니다.

박물관 개관식에 달라이라마께서는 축하메세지를 보내주
셨고, 티벳 신탁승 툽텐린포체는 가섭불 사리 1과를 보내
주셨습니다. 또한 네팔의 불안불탑(佛眼佛塔)으로 유명한
슈얌부 사원의 주지스님께서는 카일라스(수미산) 사리 33
과를 보내왔습니다.

대원사에서는 사리를 봉안하기 위한 15m 높이의 티벳식불
탑 수미광명탑 건립을 발원하고 108회원을 모아 지난

2002년 3월 기공식을 갖고 2003년 5월 공든 탑을 완성했습니다.

불탑장엄에는 황동으로 제작된 상륜부 첨탑과 11면 천수관음상을 모신 감실 등이 티벳 망명정부의 협조로 인도에서 제작되어 순금으로 옷을 입혔습니다.

불탑의 바닥과 탑신은 백옥으로 장엄하였으며, 불탑 내부에는 사람들의 병을 치료해 주기 위해 약초와 약함을 들고 있는 약사여래 삼존불을 모셨습니다. 삼존불은 네팔에 사는 석가족의 장인들이 직접 조성했습니다.

법당 내부에는 티벳왕궁 화가인 락쌈과 체링 부부가 1년간 공들여 그린 약사여래, 석가여래, 아미타여래, 미륵존 여래의 사방불국토와 칼라챠크라 만다라가 그려져 있습니다.

수미광명탑을 참배할 때는 자비심을 키우는 '옴 마니 반메훔'을 염하며 탑을 세 바퀴 돌고 법당에 들어갑니다.

수미광명탑을 참배하는 모든 이웃들이 이기심과 두려움에서 벗어나 지혜롭고 자비로워지기를 기원합니다.

2003년 5월 5일

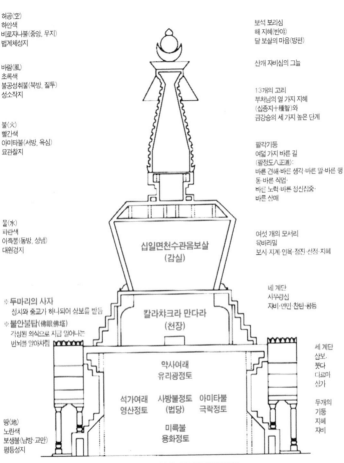

허공(空)
하얀색
비로자나불(중앙, 무지)
법계체성지

바람(風)
초록색
불공성취불(북방, 질투)
성소작지

불(火)
빨간색
아미타불(서방, 욕심)
묘관찰지

물(水)
파란색
아축불(동방, 성냄)
대원경지

✢ 두마리의 사자
  심사와 숭교가 하나되어 삼보를 받듦
✢ 불안불탑(佛眼佛塔)
  기성된 의식으로 지금 막아나는
  반뇌를 알아차림

땅(地)
노란색
보생불(남방·교만)
평등성지

보석 보리심
해 지혜(반야)
달 보살의 마음(방편)

산개 자비심의 그늘

13개의 고리
부처님의 열 가지 지혜
(십종자+種智)와
금강승의 세 가지 높은 단계

팔각기둥
여덟 가지 바른 길
(팔정도八正道)
바른 견해·바른 생각·바른 말·바른 행
동·바른 직업·
바른 노력·바른 성신집중·
바른 삼매

여섯 개의 모서리
육바라밀
보시·지계·인욕·정진·선정·지혜

네 계단
사무량심
자비·연민·찬탄·평등

세 계단
삽보·
붓다
다르마
싱가

두개의
기둥
지혜
자비

십일면천수관음보살
(감실)

칼라차크라 만다라
(천장)

약사여래
유리광정토

석가여래 사방불정토 아미타불
영산정토 (법당) 극락정토

미륵불
용화정토

티벳식 불탑(대원사 수미광명탑)의 상징과 뜻

팔길상 여덟가지 길상무늬

一. 금 어 (금빛물고기 2마리)

물고기는 물을 무서워하지 않고 마음대로 헤엄치며 노닐 듯이 모든 중생들이 괴로움의 바다에서 벗어나 용기있게 진리를 실천하는 것을 상징한다.

一. 법 라 (소라고동으로 만든 피리)

소라고동의 아름다운 소리는 불법의 가르침이 멀리 멀리 퍼져감을 나타낸다. 부처님의 가르침은 어리석음의 깊은 잠에서 깨어나 자신의 아름다움에 눈뜨게 한다.

一. 일 산 (보물양산)

따가운 햇살을 가려주는 일산은 사람들이 삶에서 겪게 되는 질병과 장애를 막아주는 것을 나타낸다. 또 앞으로 겪을지도 모를 지옥·아귀·축생의 삼악도의 고통에서 지켜주는 것을 나타낸다.

一. 산 개 (승리의 깃발)

부처님의 설법전을 장엄하는 산개는 몸과 입과 마음에서 일어나는 허물을 밝게 살펴서 이겨낸 것을 나타낸다. 또 승리의 깃발은 불법의 공덕이 모든 악령들을 물리친 것을 나타내기도 한다.

一. 보　병 (보물이 가득한 항아리)

값비싼 보석이 가득담긴 보물 항아리처럼 본래 부족함이 하나없는 자성의 공덕을 깨달아 이세상과 저세상의 이익과 자유를 얻는것을 상징한다.

一. 연　화 (더러움에 물들지 않는 연꽃)

더러움에 물들지 않는 연꽃의 아름다움처럼 번뇌와 죄악으로 가득한 인간의 마음도 그 본질이 깨끗하여 한송이 연꽃으로 피어나서 축복받는 삶에 이르는 것을 상징한다.

一. 문　양 (끝없이 이어지는 인연의 고리)

한 생명이 살아가기 위해서는 끝없는 인연의 고리로 우주 끝까지 연결되어 있음을 나타낸다. 인연의 고리는 수행의 길을 가면서는 본래 비어있음(空性)과 인연법이 떨어질 수 없음을 나타내고 깨달음에 이르러서는 지혜와 자비가 온전히 하나가 됨을 나타낸다.

一. 법　륜 (항상 굴러가는 진리의 바퀴)

진리의 수레바퀴는 부처님께서 깨달으신 내용이 모든 중생의 마음속에 전해져서 진리의 기쁨과 올바른 행위 속에서 모두가 자유와 평화를 누리는 것을 상징한다.

14

1. 자 비 경

1. 완전한 평정 상태를 언뜻 맛보고서 더욱 더 향상을 이루고자 애쓰는 사람은 유능하고, 정직하고, 고결하고, 말이 점잖으며, 온유하고, 거만하지 않아야 한다.

2. 만족할 줄 알아서, 남들이 공양하기 쉬워야 하며 분주하지 않고, 생활이 간소하며, 감관은 고요하고, 사려 깊을지니, 속인들에겐 뻔뻔스러워서도 알랑거려서도 안되리.

3. 또한 현자의 질책 당할 어떤 행동도 삼가야 할지라.
    (그런 다음에 이와 같은 생각을 기를지니)
    모두가 탈없이 잘 지내기를,
    모든 중생이 행복하기를!

4. 살아있는 생물이라면 어떤 것이든 하나 예외없이, 약한 것이든 강한 것이든, 길든 크든 아니면 중간치든 또는 짧든, 미세하든 또는 거대하든.

5. 눈에 보이는 것이든 눈으로 볼 수 없는 것이든, 또 멀리 살건 가까이 살든, 태어났든, 태어나려하고 있든, 모든 중생이 행복하기를!

6. 너희들은 서로 속이거나 헐뜯는 일이 없게 하라. 어디서든 어느 것이든 누구도 남이 잘 못되기를 바라지 마라. 원한에서든 증오에서든.

7. 어머니가 자기 아들을, 하나뿐인 자식을 목숨 바쳐 위해(危害)로부터 구해내듯 만중생을 향한 일체 포용의 생각을 자기 것으로 지켜내라.

8 전 우주를, 그 높은 곳, 그 깊은 곳, 그 넓은 곳, 끝까지 모두를 감싸는 사랑의 마음을 키워라. 미움도 적의도 넘어선 잔잔한 그 사랑을.

9. 서거나 걷거나 앉거나 누웠거나 깨어 있는 한 이 (자비의) 염을 놓치지 않도록 전심전력하라. 세상에서 말하는 '거룩한 경지'가 바로 그것이다.

10. 그릇된 생각에 더는 매이지 않고,
   계행과 구경의 지견을 갖추었으며,
   모든 감관적 욕망을 이겨냈기에
   그는 다시 모태에 들지 않으리라.

2. 자비명상 기도문 (1)
- 용서를 청하는 기도 -

만일 내가 다른 사람에게 생각으로
질투하고 미워하고 저주 했다면
내가 평화롭고 행복하게 살수 있도록
용서받기를 청합니다.

만일 내가 다른 사람에게 거친말과 욕설.
상처 주는 말과 이간질을 해서
고통을 주었다면 내가 평화롭고
행복하게 살 수 있도록 용서받기를 청합니다.

만일 내가 다른 사람을 때리거나
주지 않은 물건을 훔치거나
남 보기에 부끄러운 일을 저질렀다면
내가 평화롭고 행복하게 살수 있도록
용서받기를 청합니다.

3. 자비명상 기도문 (2)
- 용서기도문 -

1. 누군가 나를 미워하고 질투하고 저주하는 사람이 있다면 그 사람이 평화롭고 행복하게 살 수 있도록 나는 그를 이해하고 용서합니다.

2. 누군가 나에게 거친 말과 욕설. 이간질과 상처 주는 말을 해서 심한 고통을 주었다면 그 사람이 평화롭고 행복하게 살 수 있도록 나는 그를 이해하고 용서합니다.

3. 누군가 나를 때리거나 내 물건을 훔쳐 가거나 나에게 부끄러운 일을 저질렀다면 그 사람이 평화롭고 행복하게 살 수 있도록 그를 이해하고 용서합니다.

*우리들의 모든 행위는 몸과 말과 생각으로 이루어 집니다.

내가 어리석어서 이루어진 착하지 못했던 일을 돌아 보며 참회합니다.

내가 남에게 받았던 서러움과 괴로움도 마음의 상처도 하나 하나 떠올려서 허공계에 방생합니다.

모두 지혜가 부족하고 자비심이 부족하고 자기 절제능력이 부족해서 생겨난 중생의 업보를 내가 모두 이해하고 용서하고 참회합니다.

4. 자비명상 기도문 (3)
나 자신을 축원하기

1. 내가 평안하고 행복하기를 바랍니다.

2. 내가 나쁜 감정에서 벗어 나기를 바랍니다.

3. 내가 나를 잘 다스릴 수 있기를 바랍니다.

4. 내가 정신적인 번민과 괴로움에서 벗어나기를 바랍니다.

5. 내가 육체적인 질병과 갈망에서 벗어나 건강하고 안정된 삶을 이루기를 바랍니다.

5. 마음치유 기도문

1. 먼저 천천히 숨을 세번 내 쉽니다.

2. 눈을 감고 오른손을 가슴에 얹고 심장의 박동을 느낍니다.

3. 몸아, 참 고맙다.

4. 내 것이라고 당연히 여기면서 막쓰고 살았는데

5. 너가 있어서 이생에서 많은 것을 배우는구나.

6. 몸아, 참고맙다. 그동안 많이 힘들었지.

7. 마음아, 참 고맙다.

8. 너가 아프다고 그래도 내가 바쁘다고 무시하고 살았는데

9. 너가 있어서 이생에서 많은 것을 배우는구나.

10. 마음아, 참 고맙다. 그동안 많이 아팠지.

11. 나는 나를 사랑합니다.

12. 사람들한테 치어서 상처 받았던 나를 사랑합니다.

13. 다른 사람들하고 비교 당하면서 너무나도 아팠던 나를 사랑합니다.

14. 내가 어디를 가나 사랑받기를.
    내가 어디를 가나 인정받기를.
    내가 진정으로 행복하기를.

6. 모든 이웃들의 행복을 위한 기도문

모든 생명 있는 존재들이 안락하고 행복하며, 괴로움과 재난에서 벗어나기를 기원합니다.

모든 생명 있는 존재들이 원한과 미워하는 마음, 근심과 슬픔에서 벗어나기를 기원합니다.

모든 이들이 진정한 행복과 마음의 평온을 즐기기를 기원합니다.

모든 사람들이 분노와 기만, 남을 해치려는 마음에서 벗어나서, 남에서 해를 끼치고 괴롭히는 일에는 티끌만큼도 마음을 기울이지 않기를 기원합니다.

모든 이들이 순수한 마음을 지니고 자애와 선행에 마음을 기울이기를 기원합니다.

모든 사람들이 남을 속이는 일과 마음씀을 삼가하기를 기원합니다.

남을 헐뜯는 말, 거친 말, 미워하는 말, 화나게 하는 말, 빈 말, 쓸모없는 말을 하는 것을 삼가하기를 기원합니다.

모든 사람들이 진실되고 유익하며 의미있고 사랑스러우며 자애로움을 표현하는 듣기 좋은 말을 하기를 기원합니다.

모든 사람들이 다른 이의 재산을 훔치는 일, 남의 행복을 파괴하는 일, 잘못된 생각을 지니는 일을 삼가하기를 기원합니다.

모든 사람들이 자만심과, 탐욕, 성내는 일에서 벗어나 모두 함께 평화롭게 살아가기를 기원합니다.

모든 사람들이 풍요로우면서도 남에게 베푸는 일에 솔선하고, 제일(齊日)과 계율을 잘 지키며, 자신의 행위를 올바르게 다스릴 수 있기를 기원합니다.

모든 사람들이 마음집중(定)과 지혜(慧), 그리고 공덕(福)을 닦아 마음이 평화롭고, 심신이 건강하며 행복하기를 기원합니다.

이와 같은 모든 기원이 성취되기를 간절히 발원합니다.

7. 자비축원문 (1)

강물이 흘러서 바다에 이르듯
기운달이 차서 둥근달이 되듯
이와 같은 수행의 공덕으로
나의 가족과 나의 이웃들이
괴로움과 두려움에서 벗어나
참된 기쁨과 행복을 누리기를 기원합니다.

강물이 흘러서 바다에 이르듯
기운달이 차서 둥근달이 되듯
이와 같은 수행의 공덕으로
저 허공계의 모든 영가들이
원한과 고통 집착에서 벗어나
해탈과 열반을 이루기를 기원합니다.

8. 자비축원문 (2)

모든 중생의 고통이 내게로 오고
나의 공덕을 통해
그들이 모두 행복을 얻게 하소서

저 허공처럼 많은 중생이
모두 육체적 정신적으로 고통받고 있으니
그 모든 고통이 내게로 오도록 하소서

내가 세운 서원과 부처님의 자비로
모든 중생들이 행복을 얻게 하소서 (세번)

9. 자비축원문 (3)

1. 길을 보여주신 부처님과 보호해 주시는 법보님과 이끌어 주시는 스승님들 거룩한 삼보님께 예경합니다.

2. 어둔 세상의 빛이신 고귀한 스승들이 항상 평온하고 행복하기를 기원합니다.

3. 한량없는 덕을 갖추신 우리 부모님들이 항상 평온하고 행복하기를 기원합니다.

4. 이 세상의 모든 노인들이 항상 평온하고 행복하기를 기원합니다.

5. 이 세상의 모든 도둑들, 강도들, 거짓말장이들이 항상 평온하고 행복하기를 기원합니다.

6. 지옥, 아귀, 축생, 아수라 세계의 모든 존재들이 항상 평온하고 행복하기를 기원합니다.

7. 모든 인간 천상의 천신들이 항상 평온하고 행복하기를 기원합니다.

8. 바른 길을 따르고 잘못된 길을 따르지 않기를 기원합니다.

9. 이 삶을 마치고 다시 태어나게 되더라도 고통과 재앙과 원수를 만나지 않기를 기원합니다.

10. 내가 지금 기원한 모든 존재들의 행복을 위한 기원이 성취되기를 간절히 원합니다.

11. 내가 행한 선행의 공덕이 우리의 부모와 스승과 친척들과 수호신장과 천신들과 모든 이웃들에게 돌아가기를 기원합니다.

12. 내가 행한 모든 공덕에 의해서 모든 괴로움이 소멸한 영원한 행복인 열반을 이루기를 기원합니다.

13. 이와같은 수행의 공덕으로 모든 존재들이 행복하기를 기원합니다.

10. 사무량심 기도문

모든 사람들에게 즐거움이 생겨나고
즐거움의 원인도 생겨나게 하소서!

모든 사람들에게 괴로움이 없어지고
괴로움의 원인도 없어지게 하소서!

모든 사람들에게 크기쁨이 생겨나고
남의 좋은 일을 함께 기뻐하게 하소서!

모든 사람들에게 차별심이 없어지고
욕심과 집착에서 벗어나게 하소서!

11. 스승의 노래 〈구루린포체 만트라〉

티벳에 불교를 전한 위대한 스승 구루린포체
입니다. 연꽃에서 태어난 성자라고 해서 연화
생대사 파드마 삼바바로 불립니다. 그는 108경
전을 저술하여 깊은 산속과 동굴, 지하, 호수
의 비밀한 곳, 제자들의 마음 깊은 곳에 감춰
놓았다고 합니다.
티벳에서는 이 경전을 매장경이라고 부릅니
다. 세상이 이 경전을 필요로 할때 한 권씩 세
상에 출현합니다. 티벳 사자의 서도 이런 과
정을 거쳐 세상에 소개되었습니다.

위대한 스승 구루린포체를 손쉽게 만나서 그
의 가피를 청하여 삶의 장애와 수행의 장애를
소멸하는 법이 있습니다. 그것은 구루린포체
만트라를 마음을 기울여 10만번 바치는 일입
니다.

구루린포체 만트라 바치는 방법을 소개합니다.

1. 주변을 정돈하고 향을 올린다.

2. 손을 씻고 양치하고 몸을 깨끗이 한다.

3. 나의 앉아 있는 모습을 관상한다.

4. 나의 가슴챠크라에서 한줄기 연꽃이 솟아 오른다고 관상한다.

5. 연꽃 줄기에서 붉은 색의 연꽃이 활짝 피어나고 연꽃 속에 위대한 스승 구루린포체가 좌정하고 계시는 모습을 관상한다.

6. 구루린포체가 나를 내려다 보며 나에게 사랑의 빛을 보낸다고 관상한다.

7. 관상과 함께 구루린포체 만트라를 염송한다.

구루 린포체 만트라

『옴·아·훔. 벤자 구루 페마 싣디 훔』(10만번)

옴. 구루 린포체의 미간 챠크라에서 아침햇살
과 같은 흰색빛이 나와 나의 미간으로
들어와 나의 몸이 빛의 몸이 된다고 관상
한다. 내가 몸으로 지은 모든 악업이 정화
되고 소멸되었다고 관상한다.

아. 구루린포체의 목에서 저녁노을 같은 붉은
빛이 나의 목으로 들어와 말로 상처 주고
상처 받은 입으로 지은 죄업이 모두 정화
되었다고 관상한다.

훔. 구루린포체의 가슴 챠크라에서 푸른 하늘
과 같은 푸른 빛이 나와 나의 가슴을 푸
른빛으로 채우는 것을 관상한다. 생각으
로 지은 원망과 저주, 원한의 감정들이 모
두 정화되었다고 관상한다.

12. 스스로 경책하는 글, 자경문

1. 나는 나의 자질은 낮으면서 항상 높은 가르침만 구했구나.

2. 나는 다른 사람은 나아지기를 바라면서 나 자신은 하나도 나아지려 하지 않는구나.

3. 나는 불법이 다른 사람에게는 따라야 할 것이고 나 자신에게는 해당되지 않는 것처럼 행동하는 구나.

4. 나는 다른 사람은 바르게 행동하도록 하면서 나 자신은 그렇지 못하는 구나.

5. 나는 의식을 고양시키는 정신적인 친구 대신에 시간과 돈만 소모하는 친구들에 둘러쌓여 있구나. .

6. 나는 번뇌를 물리치지 못하고 항상 번뇌에 빠져 있구나. .

7. 나는 다른 사람에게 상처를 주면서 그것이 바로 나 자신을 해치는 것을 모르고 있구나.

8. 나는 다른 사람을 돕는 것이 바로 나 자신을 돕는 것인줄 모르고 있구나.

9. 나는 나에게 닥쳐온 고통과 장애가 나 자신을 불법의 수행으로 인도하는 것임을 모르고 있구나.

10. 나는 욕망의 즐거움이 불법수행으로 부터 멀어지게 하는 것도 모르고 있구나.

11. 나는 나 자신이 일으킨 생각에 빠져 고통받고 있구나.

12. 나는 진실한 수행은 닦지 못하고 다른 사람들에게 자기의 인상을 좋게 남기는 일에만 마음쓰고 있구나.

13. 나는 다른 사람에게는 불법을 닦음이 중요하다 하면서 나 스스로는 그러한 가르침을 따르지 않고 있구나.

14. 나는 죄있는 사람을 경멸하면서 나 자신은 잘못된 행동을 그치지 않는구나.

15. 나는 다른 사람의 조그만 결점은 잘 보면서 도 나 자신의 큰 결점은 모르고 있구나.

16. 나는 아무 보답이 없으면 다른 사람을 돕는 일을 곧 그만 두는구나.

17. 나는 다른 사람이 존경 받는 것에 대해 참 지 못하는 구나.

18. 나는 지위가 높은 사람에게는 비굴하고 아 래 사람들에게는 함부로 대하는 구나.

19. 나는 고상하게 행동 하면서도 다른 사람이 나를 바로 잡아 주려 할 때에는 모욕을 느 끼고 있구나.

20. 나는 다른 사람이 나의 덕행을 말해 주기 원하며 나의 결점을 보지 못했을때 만족하 고 있구나.

21. 나는 나의 내면이 그렇게 훌륭하지 못하면 서도 자신의 훌륭한 겉모습에 만족하고 있구나.

22. 나는 붓다의 가르침을 배우겠다고 서원해 놓고 세속의 일만 배우고 있구나.

23. 나는 보살의 길을 가겠다고 서원해 놓고 지옥에 갈 준비만 하고 있구나.

24. 나는 과거 현재 미래의 모든 공덕을 이웃들의 이익을 위해 바치겠다고 해 놓고 나의 이기심만 채우고 있구나.

25. 쓸데없는 논쟁에 시간을 소비하지 말아라. 친구만 잃을 뿐이다.

26. 명성과 이익을 쫓지 말아라. 갈망만 늘어날 뿐이다.

27. 영원하지 않은 것에 마음을 빼앗기지 말아라 불안과 고통만 늘어날 뿐이다.

13. 마음닦는 여덟가지 노래

수심팔송 (修心八頌)

첫째, 여의주 보다 더 소중한 모든 중생의 행복을 위해서 깨달음을 얻겠다고 생각하며 나는 이웃들을 소중히 여기며 끊임없이 수행할 것입니다.

둘째, 내가 남들과 함께 있을 때마다
나 자신을 가장 낮은 사람이라고 생각하는 습관을 들일 것이며 남들이 나보다 훌륭하다는 것을 마음 속으로 부터 깨달을 것입니다.

셋째, 모든 행동을 할 때마다 내 마음을 점검할 것이며 나 자신과 남들을 위험에 빠뜨릴 잘못된 생각이 일어나는 순간에 나는 단호히 맞서서 그 생각을 변화시킬 것입니다.

넷째, 해로운 기운과 심한 고통에 짓눌린 채 나쁜 성격을 가진 사람을 만날 때마다 나는 소중한 보물을 발견한 것처럼 그 사람을 소중하게 생각할 것입니다.

다섯째, 남들이 질투 때문에 나를 나를 모욕하고 비난할때 나는 패배를 인정하고 그들에게 승리를 돌리는 습관을 들일 것입니다.

여섯째, 내가 도움을 주고 깊이 신뢰했던 사람이 내게 심한 피해를 입혔을때 나는 그 사람을 나의 훌륭한 스승이라고 생각하는 습관을 들일 것입니다.

일곱째, 나는 나의 어머니들인 모든 중생들에게 행복과 이익을 드리기를 서원합니다. 나는 그들의 고통과 나쁜 행동들을 모두 떠 안는 수행을 멈추지 않겠습니다.

여덟째, 모든 현상들은 덧없고 실체가 없는 환상이라 생각하면서 나는 여덟 가지 세속에 물들지 않는 수행으로 윤회에 대한 집착을 버리고 모든 중생들을 무지와 업의 굴레에서 벗어나게 할 것입니다.

한 귀절을 읽을 때마다 눈앞의 계신 관세음보살의 정병에서 감로수가 흘러나와 당신의 정수리를 통해서 당신의 몸속으로 흘러 들어 오는 것을 관상한다.

감로수는 나의 기혈을 열어주고 나쁜 습관과 삶의 고통과 수행의 장애들을 소멸시켜 준다고 관상한다. 특히 당신이 명상하고 있는 게송에서 언급되는 장애들이 없어지고 깨달음이 생긴다고 관상한다.

옴. 아. 훔. 벤자 구루 벤마 시티 훔

14. 바르도의 가르침

바르도는 "틈새"라는 티벳 말이다.
죽음에서 환생까지 49일간의 중간계를 말한다.

바르도(BARDO)!
죽음은 꿈에서 깨어남이다.
그것이 바르도의 가장 중요한 의미이다.
그대는 그대가 삶이라고 부르는
긴 꿈을 꾼 것이다.
이제 그 끝이 온 것이다.
얼마 지나지 않아
그대는 또 다른 자궁 속으로
또 다른 꿈속으로
들어가게 될 것이다.
이 두 꿈 사이에
〈바르도 : 죽음과 환생 사이〉
그대가 정신을 차리고
깨어 있을 수 있다면
그대는 죽음을 정복할 것이다.

15. 죽음 체험실

-대원사 티벳박물관 지하1층에서 죽음체험을 할 수 있습니다-

사람들이 자기 마음대로 하지 못하는 일이 세 가지 있다.

첫째, 태어난 사람은 늙지 않을 수 없다.

둘째, 늙은 사람은 죽지 않을 수 없다.

셋째, 죽은 사람은 업에 따라 다시 태어나지 않을 수 없다.

생노병사가 끝없이 되풀이되는 윤회의 괴로움과 두려움에서 벗어나고자 하는 사람은 세 가지 주제를 묵상해야 한다.

첫째, 나는 반드시 죽는다.

둘째, 죽음의 시간은 언제가 될지 알 수가 없다.

셋째, 죽음의 길에는 가지고 갈 수 없는 재산과 가지고 갈 수 있는 재산이 있음을 깨달아야 한다.

죽을 때 가지고 갈 수 없는 재산에만 집착하는 사람은 이기심과 두려움이 점점 커진다. 그 사람은 죽어도 죽음을 받아들이지 못한다. 그러나 죽을 때 가지고 갈 수 있는 재산을 모은 사람은 고물자동차를 폐차시키고 새 차를 뽑아 타듯이 육신을 빠져 나와 새로운 환생을 맞이한다.

내세에 대한 믿음을 갖고 영적인 지혜를 배우고 이웃을 위해 선행을 많이 베푼 사람은 평온한 임종을 맞이한다.

이 동굴은 저승의 구세주 지장보살님 앞에 놓여진 목관에 들어가 자신의 죽음을 묵상해 보는 곳이다.

죽음체험 순서

바르도의 순간(죽음의 체험)은 나와 남이 둘 아님을 깨닫게 해주는 소중한 기회이며 영적인 성숙을 준비하는 해탈의 시간인 것이다.

1. 준비된 관 속에 들어가 눕는다.

2. 두 손바닥을 펴고 온 몸의 긴장을 푼다.

3. 내가 내 육신을 떠날 시간이 다가왔음을 묵
   상한다.

4. 이제껏 마음 속에 용서하지 못한 감정을 살
   피고 상대방을 이해하고 용서한다.

5. 죽음을 앞두고 가까운 가족과 연인에게 하
   직인사를 드린다.

6. 두 눈을 감고 두 손을 가슴에 모은 다음
   "나무아미타불"을 10번 염불한다.

7. 뇌 속에 깃든 아버지의 씨앗과 단전 속에
   깃든 어머니의 씨앗이 가슴에서 만나 정수
   리, 숨골로 빠져 나간다고 생각한다.

8. 흙 기운(地大), 물 기운(水大), 불 기운(火大),
   바람 기운(風大)이 해체되어 감을 느낀다.

9. 흙 기운이 흩어지면서 가슴을 짓누르는 무
   거운 압박감이 느껴진다.

10. 물 기운이 흩어지면서 입안이 마르고 갈증
    이 느껴 진다.

11. 불 기운이 흩어지면서 체온이 사라지고 차
    디찬 나무토막처럼 느껴진다.

12 바람 기운이 흩어지면서 급한 숨을 몰아쉬다가 그대로 숨이 끊어짐을 느낀다.

13 내 몸을 떠난 의식체가 죽어 버려져 있는 육신을 바라보며 일어나는 느낌을 알아차린다.

14 파노라마처럼 펼쳐지는 한 평생의 지나온 삶을 돌이켜 본다.

15 남에게 준 고통이 나 자신을 고통스럽게 했고 남에게 준 이익이 나 자신을 행복하게 했음을 생각한다.

16 바르도의 상태에서 의식체는 남녀가 결합한 모습을 보고 욕망을 일으키면 새로운 탄생의 인연이 맺어진다.

17 앞에 모셔진 부모불에 의지하여 탐욕과 질투, 자만심을 벗어나 완전한 지혜를 깨닫고 이웃을 위한 자비의 삶을 살고자 서원한다.

18 두 손바닥을 가볍게 쥐면서 "나무아미타불" 10번 염불하고 일어난다.

16. 약사여래 만트라 〈관상법〉

대원사 티벳박물관 맞은편에 있는 티벳식 불
탑 수미광명탑 내부에 그려진 약사여래 탕카
이다. 티벳인 불모 학쌈과 믹말이 티벳방식 그
대로 재현한 아름다운 탕카이다. 티벳탕카들은
예배 목적외에 관상목적으로 많이 이용된다.

약사여래 탕카를 관상하면서 하는 약사여래
기도법을 소개한다.

1. 손을 씻는다.

2. 향을 올린다.

3. 탕카 앞에 정좌한다.

4. 푸른색 몸 빛을 하신 약사여래의 모습을 뚜렷
   이 관상한다.

5. 약사여래의 푸른색 몸이 창공과 같은 푸른
   빛으로 빛난다고 관상한다.

6. 약사여래의 푸른빛 몸이 점점 커지는 것을
   관상한다.

7. 나의 몸이 약사여래의 푸른빛에 감싸이면서 아늑한 평온감과 기쁨을 느낀다.

8. 약사여래의 푸른 빛이 나의 정수리 백회혈로 들어와 내 몸의 기혈을 열어주고 모든 세포를 정화해 준다고 관상한다.

9. 내 몸의 병, 내 마음의 병이 정화되고 건강해져서 본래 병이 없는 법신생명과 하나되어 있는 자신의 모습을 관상한다.

10. 기쁜 마음을 약사여래에게 바치는 심정으로 약사여래 만트라를 21번 이상 그 뜻을 묵상하면서 염송한다.

11. 만트라염송이 끝나면 약사여래의 푸른색 몸이 점점 커져서 대한민국을 덮고 지구를 덮는다고 관상한다.

12. 지구안의 모든 생명들이 약사여래의 공덕으로 질병의 고통에서 벗어나 건강하고 행복하기를 축원한다.

약사여래 만트라입니다. 음절이 지닌 뜻을 묵
상하며 만트라를 따라해 보세요.

**데야타 옴 베칸체 베칸체 마하 베칸체 란쟈 사뭇
카테 소하**

데야타
이루어지이다.

옴
우주의 시작을 알리는 성스러운 소리

첫번째, 베칸체
업식으로 생긴 모든 외적인 병고액난을 소멸
시키는 진언

두번째, 베칸체
분노과 질투에서 생겨난 마음의 고통과 상처
를 정화시켜 주는 진언

마하 베칸체
본래 질병이 없는 자성의 공덕을 깨닫는 진언

란쟈
위대한 의왕. 약사부처님

사뭇 카테
저의 절실한 기도가 법계의 가장 높은 곳까지
가장 넓은 곳까지 닿아지이다.

소하
이 기도를 약사부처님께 올리오니 이루어지
이다.

17. 티벳불교의 기본

티벳불교의 기본수행 중에 칠지분 수행이 있다.

첫째는 예배이다.
삼세제불과 모든 스승님들께 전신투지의 예배를 통하여 귀의하는 것이다.

둘째는 공양이다.
꽃과 향, 램프, 음식 등을 불전에 올린다. 공덕이나 보리심도 관상을 통하여 바친다.

셋째는 참회이다.
무지, 무명으로 부터 일어나는 탐진치의 삼독과 번뇌로 일어난 죄업을 참회하고 악행을 다스리는 힘을 키운다.

넷째는 수희이다.
다른 사람의 선행을 기뻐하고 찬탄하면 큰 복을 지을 수 있다.

다섯째는 권청이다.

스승님들께 항상 설법하여 주기를 청하는 것이다. 설법을 청하고 그 법을 전해 받으려는 것은 수행의 중요한 과정이다.

여섯째는 주세이다.

위대한 스승들께서 빨리 열반에 드시지 말고 세상에 오래 머물러 달라고 기원하는 것이다.

일곱째는 회향이다.

이같은 공덕이 모두 중생들의 이익과 행복을 위해 돌아가게 기원하는 것이다.

예배를 통하여 자만심을 정화한다.
공양을 통하여 집착을 정화한다.
참회를 통하여 삼독을 정화한다.
수희를 통하여 질투를 정화한다.
권청을 통하여 법을 버리는 허물을 정화한다.
기원을 통하여 라마에 대한 불복종을 정화한다.
회향을 통하여 사견을 정화한다.

"용서는 단지 자기에게
상처를 준 사람을 받아
들이는 것 만이 아니다

그것은 그를 향한 미움과
원망의 마음에서
스스로 놓아주는 일이다

그러므로 용서는 자기자신
에게 베푸는 가장 큰
베풀이자, 사랑이다 "

— 달라이 라마 —

성냄 『anger』
에서
한글자가
더 해지면....

위험 『danger』
이 됨을
잊지 마십시오

그대가 다른 사람의
행복을 바란다면
사랑과 자비심을
길러라

그대가 자신의
행복을 바란다면
사랑과 자비심을
길러라

- 14대 달라이라마 -

모든 괴로움은 어디서 오는가?
자기만
생각하는
이기심에서 온다

모든 행복은 어디서 오는가?
남을 먼저
생각하는
이타심에서 온다

달라이 라마의
친구를 사귀는 두가지 방법

첫째,
상대방을 어떻게
도울수 있을까
하는 생각으로

둘째,
상대방에게서
무엇을 배울수 있을까
하는 생각으로

거칠고 험한 길을
평탄하게 걷기 위해
모든 길을 가죽으로 덮을수는 없다
그러나 내 두발을 가죽으로 만든
구두로 감싼다면 ...
모든 길을 가죽으로 덮은것과 같다

내가 살아가는데 거칠고 험한
적은 수없이 많아서 ...
다 상대할수도, 이길수도 없다

그러나 내마음속에서 일어나는
분노와 증오심을 다스릴수 있다면
모든 적을 이겨낸것과 다르지않다

- 산티데바 -

베풂이란,
버리는 것입니다
움켜질수록 고통스러운
탐욕을 버리는 일입니다

"내가 태어났을때
나는 울었고
내 주변의 모든 사람은
웃고 즐거워 하였다

내가 내몸을 떠날때
나는 웃었고
내 주변의 모든 사람들은
울고 괴로워 하였다 "

- 티벳 名言 -

67

나쁜 사람보다
더 나쁜 사람은
나쁜 사람에게
화내는 사람이다

부정한 사람보다
더욱 부정한 사람은
부정한 사람을
용서하지 못하는 사람이다

- 라빈 드랄 -

비우고 맑힘은
최상의 행복,
꿈같은 세상을
바로 보는 길

원합니다
사랑하는 모든 이웃
청청한 저 극도로
어서 가소서

이 세상에 존재하는
모든 불행, 두려움,
그리고 고통은 모두
"나"로 부터 비롯되는 것이다
따라서 그 해결도
"나"에게 달려있다

번뇌와 죄업에서
벗어나는 유일한 길은
나를 사랑하듯
남을 사랑하는 길
하나 뿐이다

나는
집없이
돈없이
여자없이 산다

가진것 없지만
가지려는 마음도없다
그래서 난
부족함이 없다

그래서 난
모든이에게
자비심을
나누어 줄수있다

- 동영의 거지성자, 포타 누이야르 -

"절하는 몸으로 자신을 낮추어라
염불하는 입으로 이웃을 찬탄하라
좌선하는 마음으로 모두를 공경하라"

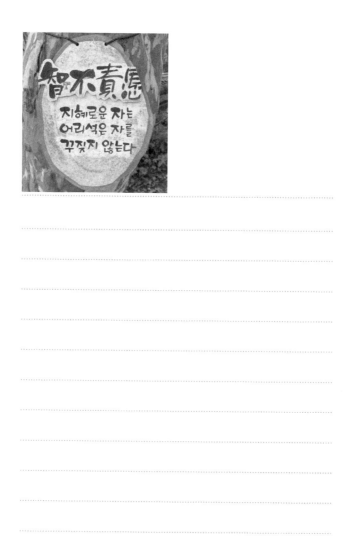

智不責愚

지혜로운 자는
어리석은 자를
꾸짖지 않는다

"땅"

살아가는 동안
거짓과 상실을 만나
삶이 덧없음을 느낄때
우리는 진리에
한걸음 다가서게 된다

높은 곳에서 추락할때
우리가 떨어지는 곳은
오직 하나뿐
땅,
진리의 땅이다
- 티벳지혜 -

자신을 믿으면
삿된 마음이 사라지고

남을 믿으면
사랑의 마음이 일어난다

- 종엄스님 -

"용감한 사람을
보기를 원하면
용서할줄 아는
사람을 보라

위대한 사람을
보기를 원하면
미움을 사랑으로
되돌려 보내는
사람을 보라 "
- 바가밧 기타 -

분노와 미움을 가지고는
싸움에서 이긴다 해도
승리자가 아니다

　　그것은 죽은 사람을 상대로
　　싸움과 살인을 한 것과 같다

진정한 승리자는 자기
자신의 분노와 미움을
이겨낸 사람이다

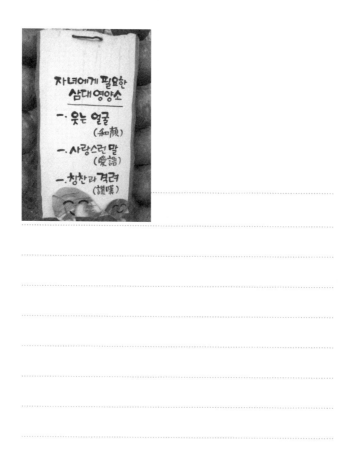

명상과 평화의 길

'운전 명상'

차를타고 운전대를 잡을때
나는 내가
어디로 가는지 알고있다

차와 나는 하나이니
차가 빨리 가면
나도 빨리 가고
차가 느리게 가면
나도 느리게 간다

숨을 들이쉬며
나는 내 마음을 가다읽힌다
숨을 내쉬며
나는 나에게 미소 짓는다

99

•따라해보기•

• (숨을 길게 들이 쉬며)
나는 도착했다

• (숨을 내쉬며)
이곳도 나의집이다

• (숨을 들이쉬며)
걸음 마다 평화!

• (숨을 내쉬며)
걸음마다 연꽃!

푸른 하늘

① 푸른 하늘을 쳐다보라

② 작고 낮은 목소리로
"아~" 길게 소리하여

③ 소리의 진동을 타고
푸른 하늘과 내 자신이
하나임을 느껴보라

`'컴퓨터 기도문'`

컴퓨터를 켜는 순간
나는 내 안에
저장된 것들을 만난다

나는 서원하네
「나쁜 습관을
변화시키고
나 자신을 이겨낼
용기를 주십시오」

절에 도둑이 들었다
칼을 들이대며 행자에게 말했다

"가진 돈 다 내놔"
—"돈 없는데요"

"그러면 죽을 준비해라"
—"죽도 없는데요"

"?? … ?"

차 한잔 속에

차 한잔 속에
구름이 흘러갑니다
나는 구름을 마시고 있어요

하늘의 흰 구름을
금강의 찻잔에 담아

연꽃처럼
두손으로 감싸고
한잔의 차를 마셔요

성철 스님의 말씀

- 수행이란 안으로는 가난을 배우고 밖으로는 모든 사람들을 공경하는 것이다
- 어려움 가운데 가장 어려운 것은 알고도 모른척 하는 것이다
- 용맹가운데 가장 큰 용맹은 옳고도 지는 것이다
- 공부 가운데 가장 큰 공부는 남의 허물을 뒤집어쓰는 것이다

이 세상은 한송이 꽃이며
모든 생명은 나의 가족입니다
남을 위한 일이 나를 위한 일이니
나와 남은 본래 둘이 아니기 때문입니다
- 만공(1871,1946) -

世界一花
當下一家
昧者風毛
覺者河毛

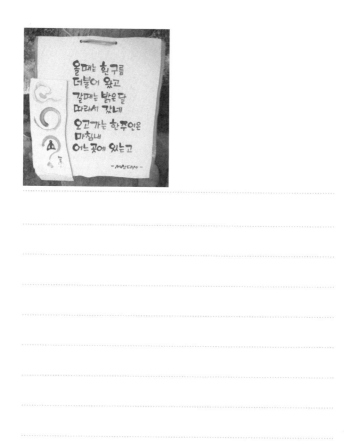

올때는 흰구름
더불어 왔고
갈때는 밝은달
따라서 갔네
오고가는 한주인은
마침내
어느곳에 있는고

- 서산대사 -

성 안내는 그 얼굴이
참다운 공양구요

부드러운 말 한마디
미묘한 향이로다

깨끗하여 티가 없는
그 마음이 언제나

한결같은 부처님 마음

공양 게송

이 음식이 어디서 왔는고
내 덕행으로는 받기가 부끄럽네

마음의 욕심을 버리고
건강을 유지하는 약으로 알아

도업을 이루고자
이 음식을 받습니다

밥, 천천히 씹어서
공손히 먹어라
봄부터 한여름 가을까지
그 여러날 비바람 땡볕으로
익어온 쌀 아닌가
그렇게 허겁지겁 삼켜버리면
어느 틈에 고마운
마음이 들겠느냐
"사람이 고마움을 모르면 그게 사람 아닌 거여"

고민

- 고민 해서
해결할 수 있는
일 이라면
고민할것 없다

- 고민해서
해결할수 없는
일이라면
고민할것 없다

좋은일 하려고
애쓰지 말고
나쁜습관 고치기에
먼저 힘쓰라

돼지는 살찌는걸
두려워 해야하고
사람은 이름 나는걸
두려워 해야한다
(名)
－중국 속담－

어떤 변화가 와도
결코 놀래지 않는다

어떤 변화가 와도
결코 가볍게
움직이지 않는다

-등소평-

지금 이 순간,
경이로운 순간!

지금 이 순간,
하나님의 왕국을
보지 못한다면
천국에 갈 수없다

지금 이 순간,
극락의 아름다움을
느끼지 못한다면
죽어서도
극락에 갈 수없다

The Kingdom of
God is now
or never.

The pure land
is now or never.

知足常樂

만족할 줄 알면
항상 즐거운 세상이 열린다

" 나는 영적 체험을 하는
육체적 존재가 아니라
육체적 체험을 하는
영적인 존재이다 "

- 떼이야르 샤르댕 -

어떤 비방도
능히 참아내어라
어떤 칭찬도
부끄러워 하여라

눈물
너의 눈에서 태어나
너의 뺨에서 살다가
너의 입술에서 죽고싶다
눈물처럼 ‥‥

빨간 모자 동자승

- VJ특공대에 방영 소개된 내용

사랑의 힘은 아버지와 어머니의 결합으로
이룬아기였으 다 ..... 父精母血

아버지의 씨앗은 뼈속에 깃들어 있으며
이를 백(魄)보리나 하고,
어머니의 씨앗은 단전에 깃들며 이를
정(精)보리라 한다.

사람이 죽을때는 이 두개의 씨앗이 다시
가슴속에서 만나 몸에서 떠나감
으로서 육신의 사명이 끝난다고 한다

빨간색은 어머니의 상징색이며
빨간모자 동자승은 어머니로 부터 버림받은
낙태아의 영혼의 지장보살을 어머니로 하여
업을 풀고 새로운 환생을 준비하고 있음을
의미한다

불가의 용상이
되고 싶거든
중생을 위해
소와 말이 되거라

꽃들은 모두 어디로 갔나
" Where have all the flowers gone "

꽃들은 모두 어디로 갔나
꽃들은 모두 소녀들이 따갔지

소녀들은 모두 어디로 갔나
그들은 자라서 모두 남편을 따라갔지

남편들은 모두 어디로 갔나
그들은 모두 전쟁터로 갔지

전쟁하던 사람들은 모두 어디로 갔나
그들은 죽어서 모두 무덤으로 갔지

그 무덤들은 모두 어디로 갔나
그것들은 모두 꽃으로 다시 피어났지

157

최고의 미용법

자신을 예쁘게
만드는 사람은
세월이 가면서
추해지지만

남을 예쁘게 보는 눈을
만드는 사람은
세월이 갈수록
보석처럼 빛나리

부모된 사람들의
가장 큰 어리석음은
자식을 자랑거리로
만들고자 함이다

부모된 사람들의
가장 큰 지혜로움은
자신들의 삶이
자신들의 자랑거리가
되게 하는 것이다

두려워해야할 이유가 없는데
두려워하는 것은
어리석은 일이다

두려워해야할 이유가 있는데
두려워하지 않는 것은
더욱 어리석은 일이다

입속에는
말이적게

마음에는
일이적게

위장에는
밥이적게

밤 에는
잠이적게

이 네가지만
적게 해도
그대는 곧
깨달을수 있다

가을으로 마시는 茶 만드는 법

재료 준비

1. 원망과 붉노는 뿌리를 자르고 잘게 다져둔다
2. 율심과 이개성을 솥을 빼내고 말 섞어둔다
3. 고만과 시기성을 껍질을 벗겨 듬뿍 넣다

차 만들기

1. 미음과 갈등을 다관에 한꺼번에 붓고
   써를 빻은 청오를 넣고 한번 끓인다
2. 미리 준비하는 재료 1, 2, 3을 넣어
   완전히 우러나도록 꽉 말인다
3. 이승와 용서를 첨가하고 역간 삶힌다

차맛 음미

감사의 마음으로 찻잔에 따르고
그 위에 미소를 살짝 띄운 후
행복이라는 참맛을 음미한다

169

爲人也爲己
남을 위한 일이
자기를 위한 일이다

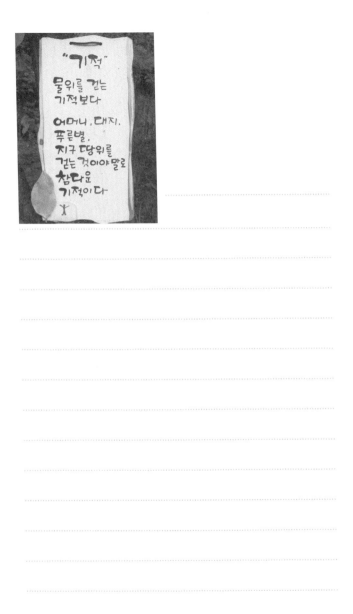

최고의 다이어트

탐욕과 집착의 뱃살을 빼고
성냄과 질투의 속살을 빼고
교만과 무지의 목살도 빼고
아집과 허영의 얼굴살을 빼는것

가장 좋은 절은
친절

가장 나쁜 절은
불친절

산을 옮길수 있어도
습관은 바꾸기 어렵고
바다는 메꿀수 있어도
욕심은 채우기 어렵다

— 명심보감 —

온전한
휴식

내 자신이
지금
저 물속에
가라앉아 있는
돌멩이 라고
생각하라

물이 흘러가듯
모든것은 지나간다

기우제

인디안들이 지내는
기우제는 반드시 비가온다
왜?
그들은 비가 올때까지
기우제를 지낸다

분노가 쌓이면
인생이 꼬이고
화를 풀면
인생이 풀립니다

교만하면
 복이 없어지고
 겸손하면
  덕이 높아진다

191

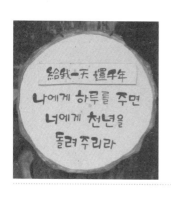

給我一天 還千年

나에게 하루를 주면
너에게 천년을
돌려 주리라

"바르도 BARDO"

바르도는 '틈새' 라는 티벳말로서
죽음에서 환생까지의 49일간의
중간계를 뜻한다

바르도!
죽음이란 꿈에서 깨어남이다
이것은 바르도의 가장 중요한 의미.

그대는 지금까지 삶이라고 부르는
긴 꿈을 꾸었다

이제 그 깊자락, 죽음으로서
그 꿈에서 깨어나게 되고....

얼마후 그대는 문 하나를 통과하여
또 다른 자궁속으로 들어가
또 한번의 꿈속 세상에 태어난다

만약 만약에 그대가
이 두 꿈사이에서 완전히 깨어
있을수 있다면......

그대는 죽음을 정복하게 된다

바르도! 바르도! 기억하라

一燈能除暗千年

하나의 등이 밝아지면
천년의 어둠이
사라진다

나를 힘들게 하는일 2가지

첫째, 상대방을 절대 용서
한수없다는 감정에
빠져있을 때,

둘째, 상대방으로 부터 절대용서
받을수 없는 상황에
빠져있을 때,

가장 놀라운 일

모든 사람들이
죽어가지만
자기는
죽지 않을것 처럼
생각하는 일
가장 놀라운 일이다

- 바가밧 기타 -

무한한 빛,
아미타불이시여
어머니의 포근한 자궁속에
자라나는 생명은
연약한 씨앗을 보호해주는
대지처럼 안전합니다

나로하여금
당신의 살아있는빛의
씨앗이 되게하소서

무한한 빛, 아미타불이시여
이기심의 두터운 껍질을
부수는 강함을 나에게 주소서
씨앗이 다시 태어나기위해
죽어야하듯이 ……
나로 하여금 죽음의 문턱을
두려움 없이 지나가게 하소서
그리하여, 나는 더 큰 생명
으로 깨어나게 될것입니다

무한한 빛,
아미타불이시여

당신의 사랑은
모든 생명을 품에 안으며

당신의 지혜는
모든 사랑을 감쌉니다

·나·무·아·미·타·불·

죽는다는 것
　　　돌아가시는 것
태어난다는 것
　　　돌아오시는 것

미리 쓰는 유언장

1. 죽음에 이를 **나**의 육신을 어떻게 처리해주길 원합니까?
   (매장 · 화장 · **장기기증** 등)
2. 나의 **소**유로 된 **재**산이 어떻게 이용되기를 원합니까?
3. **죽**음을 앞두고 **생**각나는 사람은 누구입니까? 그 이유는 ?
4. 용서할수 없는 **한 사**람은 **누**구입니까? 그 이유는 ?
5. 죽음을 앞둔 지금 마음에 가장 **걸리**는 일은? 그 이유는 ?
6. 내생에서의 **삶**은 어떤 삶을 **살**아보고 **싶**습니까?

잘보낸 하루
    달콤한 잠
잘보낸 인생
    행복한 죽음

대원사 티벳박물관

연락처 전남 보성군 문덕면 죽산길 506-8
전화 061-852-3038
Tibetan Museum(Chief Director Hyun Jang)
Juksan-in Mundok-myon, Bosong-gun,
Jollanam-do, S, Korea
E-mail amita1755@hanmail.net
https://m.facebook.com/huyn.jang

명상수첩

불기2558(2014)년 2월 15일 발행

엮고 펴낸이 | 현장(玄藏)

펴낸곳 | 불교출판 蓮池門
전남 보성군 문덕면 죽산리
대원사 (061)852-1755
등록번호 / 제15-18-1호(1996.4.27)

제작처 | 불교서원 (062)226-3056

〈값 5,000원〉
ISBN 979-11-952133-1-3 03220